BALLET
DE
LA JEUNESSE,
DIVERTISSEMENT
Meslé de Comedie & de Musique.

Representé devant Sa Majesté à Versailles le
Janvier 1686.

A PARIS,
Par CHRISTOPHE BALLARD, seul Imprimeur
du Roy pour la Musique, ruë S. Jean de Beauvais,
au Mont Parnasse.

M. DC. LXXXVI.
Avec Privilege de Sa Majesté.

BALLET
DE
LA JEUNESSE,

PROLOGUE.

Le Theatre represente le Palais
de Versailles,

PALES Déesse des Bergers les invite à venir en
admirer la magnificence.

PALES *Déesse des Bergers*, Mademoiselle de Lalande.
Six Bergeres qui chantent.
Mesdemoiselles Ferdinand l'aisnée, Ferdinand cadette, Rebel,
Puvigny Piesche, & Moreau.

BALLET

Quatre Bergers qui chantent séparément.

Monsieur de Roye. Messieurs Dufour, Cebret & Mattau.

MERCURE, Monsieur Jonquet.

*Neuf Bergers qui chantent dans les Chœurs
aux deux costez du Theatre.*

Messieurs Guillegaut, le Maire, le Roy, Miracle, Frizon, Godonesche, Lasilard, Brossard & Lombard.

Vingt-huit autres Bergers qui chantent dans les Chœurs sur deux Balcons.

Messieurs Gaye pere & fils, Clediere, Gingan, Moreau, Arnoul, Fernon, Puvigny, Tiphaine, Bernard, Antonio, Favalis, Thomasseau, Joseph, Pietro, Aubert, Thomier, du Fay, Philippe, Bury, Beuclois, Desplang, d'Ache, Valency, Antequille, Langlois, Marcandier & Fontaine.

PALES.

Accourez, que chacun s'avance,
Venez, Bergers, admirer en ces lieux
Du HEROS le plus glorieux
La pompeuse magnificence.

Chœur de Bergers.

Quel éclat éblouït nos yeux!
Quel air respirons-nous, sommes-nous dans les Cieux!

Sept Bergers qui dancent.

Monsieur le Marquis de Moï.
Monsieur le Marquis de Villequier, Monsieur le Prince de Rohan, Monsieur le Prince d'Enrichemont, Monsieur le Chevalier de Sully, Monsieur le Chevalier de Murcé, Monsieur le Chevalier de Saucourt.

DE LA JEUNESSE.
PREMIER BERGER.

Dans la tranquilité profonde
Que donne à ces Climats le plus grand Roy du monde,
Vivons heureux,
Suivons les Plaisirs & les Jeux.

Une troupe de Bergeres vient pour prendre part au bonheur que les Bergers se proposent.

Six Bergeres qui dancent.

Madame la Marquise de Moï, Madame de Leuvestain, Mademoiselle d'Usez, Mademoiselle de Pienne, Mademoiselle d'Estrées, & Madame la Marquise de Lafâre.

PREMIERE & SECONDE BERGERE.

La feste nouvelle
Que vous preparez icy,
Ne peut estre belle
Si nous n'en sommes aussi.

Chœur de Bergeres.

Sans nous les plaisirs sont-ils doux?
Ah! que feriez-vous
Si nous n'estions pas avec vous?
Bergers unissons-nous.

PREMIERE & SECONDE BERGERE.

La feste nouvelle
Que vous preparez icy,

BALLET

Ne peut estre belle
Si nous n'en sommes aussi.

Chœur de Bergeres.

Que nos voix s'unissent,
Chantons les douceurs de la Paix;
Et qu'à jamais
Ces lieux retentissent
De ses nouveaux bien-faits.

Chœur de Bergeres.

La feste nouvelle, &c.

TROISIESME BERGERE.

Vivons heureux sous cét Empire,
Tout flatte nos vœux,
Pour nous tout conspire,
C'est le plaisir qui nous inspire.
Vivons heureux,
Suivons les Plaisirs & les Jeux.

Chœurs de Bergers & de Bergeres.

Vivons heureux,
Suivons les Plaisirs & les Jeux.

SECOND BERGER.

Rien ne trouble icy nostre vie.
Tout rit dans ce charmant séjour,
Vivons sans crainte & sans envie,
Heureux! si nous pouvons y vivre sans amour.

DE LA JEUNESSE.
PREMIER ET SECOND BERGER.

Quand tout est calme sur la terre,
Que tous les cœurs le soient dans cette heureuse Cour,
Un HEROS nous deffend des fureurs de la guerre,
Deffendons-nous des charmes de l'Amour.

Chœur de Bergers.

Un HEROS nous deffend des fureurs de la guerre,
Deffendons-nous des charmes de l'Amour.

TROISIESME BERGER.

Un insensible
Joüit toûjours
D'un sort paisible ;
Est-il possible
Qu'un cœur sensible
Ait de beaux jours ?
Les soins, les larmes,
Et les allarmes,
Voilà les charmes
Qu'ont les amours.
Un insensible
Joüit toûjours
D'un sort paisible ;
Est-il possible
Qu'un cœur sensible
Ait de beaux jours.

BALLET

TROISIESME BERGERE.

Les amours sont-ils si terribles ?
Ne craignez point d'estre sensibles,
Ne formez que d'innocens desirs,
Vous trouverez de vrais plaisirs.

Chœur de Bergeres.

Ne formez que d'innocens desirs,
Vous trouverez de vrais plaisirs.

QUATRIESME BERGERE.

Mon Berger est amoureux,
Il n'a point fait d'efforts pour s'en deffendre,
Trouve-t'il son sort mal-heureux ?
Se repent-il d'avoir eû le cœur tendre ?

QUATRIESME BERGER.

J'osay vous parler de mes feux,
Vous avez bien voulu m'entendre,
Quel bien plus doux puis-je pretendre ?
Je suis au comble de mes vœux.

Tous deux ensemble.

Les jeunes cœurs sont faits pour la tendresse.
Pour deux jeunes Amants que l'Amour a d'attraits !
Aimons-nous sans cesse,
Et nos plaisirs ne cesseront jamais.

Mercure vient avertir les Bergers & les Bergeres de l'arrivée de la Jeunesse & des Graces.

MERCURE.

DE LA JEUNESSE.
MERCURE.

Redoublez vos chants d'allegresse,
Les plus grandes Divinitez,
Les Graces, l'aimable Jeunesse
Viennent dans ces lieux enchantez ;
Qu'à leur plaire chacun s'empresse,
Redoublez vos chants d'allegresse,
Admirez leurs Beautez.

Les Chœurs de Bergers & de Bergeres repetent
le Recit de Mercure.

Redoublons nos chants d'allegresse,
Les plus grandes Divinitez,
Les Graces, l'aimable Jeunesse
Viennent dans ces lieux enchantez ;
Qu'à leur plaire chacun s'empresse,
Redoublons nos chants d'allegresse,
Admirons leurs Beautez.

La Jeunesse & les Graces qui dancent.
LA JEUNESSE. MADAME LA DUCHESSE DE BOURBON.
Les Graces & la Suite de la Jeunesse.
Mademoiselle de Chasteauneuf.
Mesdemoiselles le Peintre, Fernon & Laurent.

MERCURE.

Vous les voyez déja paraistre,
A tant d'éclat accoûtumez vos yeux ;
Elles seront long-temps avec vous dans ces lieux ;

B

BALLET
La Cour de vostre auguste Maistre
Est un sejour plus beau que le sejour des Dieux.

L'Amour. Monsieur le Marquis de Chasteauneuf.
Suite de l'Amour. Les petits Magny, Lallemand, Charpentier,
& Ballon.

PALES à la Jeunesse.
L'Amour dans vos Jeux s'interesse
Il veut par tout suivre vos pas,
Attendez la belle Déesse,
Les Graces, l'Amour, la Jeunesse
Ne se quittent pas.

Chœur de Bergers, & de Bergeres.
Donnons-nous tous à la tendresse,
Donnons-nous tous aux plaisirs pleins d'appas.
Que la Jeunesse
Soit avec nous sans cesse,
Et l'Amour suivra par tout nos pas:
Donnons-nous tous à la tendresse,
Donnons-nous tous aux plaisirs pleins d'appas.

PALES.
Tous les Jeux vont icy renaistre,
A tant d'éclat accoûtumez vos yeux,
Ces Dieux seront long-temps avec vous dans ces lieux,
La Cour de vostre Auguste Maistre
Est un sejour plus beau que le sejour des Dieux.

Les Chœurs.
La Cour de vostre Auguste Maistre
Est un sejour plus beau que le sejour des Dieux.

FIN DU PROLOGUE.

DE LA JEUNESSE.

PREMIER ACTE
DE LA COMEDIE.

PREMIER INTERMEDE.

PHILIS irritée contre Tircis son Amant, paroist dans le plus triste estat du monde, d'avoir à punir un ingrat qu'elle n'a pas la force de haïr. Tircis vient luy demander grace, & l'obtient enfin avec peine.

Tircis. Monsieur Mattau.
Philis. Mademoiselle de Lalande.
Quatre hommes Pantomines qui dancent. Messieurs Favier, Lestang, Pecourt, & Dumirail.
Deux femmes Pantomines qui dancent. Mademoiselle Rolland, & Mademoiselle Lafontaine.

PHILIS seule.

Qu'il est cruel d'avoir a punir un Amant
Quand tout ingrat qu'il est, on l'aime tendrement!
Mon cœur souffre une affreuse peine,

BALLET

Il doit haïr, il est forcé d'aimer,
Les transports de l'amour, les fureurs de la haine
Tour à tour viennent m'animer,
Est-il une plus rude gesne?
Mon cœur souffre un affreux tourment,
Qu'il est cruel d'avoir à punir un Amant,
Quand tout ingrat qu'il est on l'aime tendrement!

TIRCIS.

Vostre rigueur me desespere,
Adorable Philis appaisez ce couroux,
Inhumaine que faut-il faire
Pour obtenir un sort plus doux.

PHILIS.

Vous meritez peu de me plaire,
Vous meritez trop ma colere
Allez ingrat, retirez-vous,
Laissez-moy toute à mon couroux.

TIRCIS.

Pourquoy se deffendre
D'entendre
Vn fidelle Amant.

PHILIS.

Je dois me deffendre
D'entendre
Vn perfide Amant.

DE LA JEUNESSE.
TIRCIS.
Craignez-vous qu'en l'écoutant
Vostre cœur ne soit trop tendre?
PHILIS.
Non, non pour cét inconstant
Mon cœur n'a plus rien de tendre.

Tous deux.

Pourquoy se } *deffendre*
Je dois me }
D'entendre
Vn fidelle } *Amant.*
Vn perfide }

TIRCIS.
Helas! cruelle que vous estes
Vous mesprisez mes soûpirs, & mes pleurs,
Ce cœur n'est point touché de mes vives douleurs,
Vous voulez mon trépas inhumaine, je meurs!
Vos rigueurs seront satisfaites.

PHILIS.
Tircis moderez ce transport,
Calmez le desespoir dont vostre ame est saisie;
Vous voulez courir à la mort,
Ah! que ferois-je de la vie!

TIRCIS.
Adorable Philis!

BALLET

PHILIS.

Malgré-moy dans mon cœur
Le dépit cesse, & l'amour est vainqueur!

TIRCIS.

Les chagrins de l'amour ont des charmes
Pour un cœur bien enflamé :
Ma Bergere en couroux m'a fait verser des larmes,
Son couroux est desarmé,
Le bonheur le plus grand succéde à mes allarmes,
J'en goûte mieux le plaisir d'estre aimé.

TIRCIS & PHILIS.

La tendresse
Est la maistresse
De tous les cœurs :
En vain le dépit $\genfrac{}{}{0pt}{}{vous}{nous}$ } presse
D'avoir pour un Amant d'invincibles rigueurs.
Quand $\genfrac{}{}{0pt}{}{Vous\ voyez}{nous\ voyons}$ { couler ses pleurs
Le dépit cesse,
La tendresse
Est la maistresse
De tous les cœurs.

Fin du premier Intermede.

DE LA JEUNESSE.

SECOND ACTE
DE LA COMEDIE.

SECOND INTERMEDE.

Une Mafcarade d'Hommes & de Femmes Maures.

Cinq Femmes Maures qui dancent.
MADAME LA DUCHESSE DE BOURBON.
Mademoifelle Rolland, Mefdemoifelles Lafontaine, Defmatins & Breard.

Six Hommes Maures qui dancent.
Monfieur le Comte de Brionne.
Monfieur Beauchamp, Meffieurs Favier, Leftang, Pecourt, & Monfieur Raifin.

Quatre Maures qui chantent feparément. Monfieur de Roye.
Meffieurs Morel, Dufour, & Jonquet.
Vne femme Maure qui chante feule. Mademoifelle Ferdinand l'aifnée.

BALLET

Cinq femmes Maures qui chantent dans les Chœurs.
Mesdemoiselles Ferdinand cadette, Rebel, Puvigny, Piesche, & Moreau.

Douze hommes Maures qui chantent dans les Chœurs.
Messieurs Mattau, Cebret, le Roy, Guillegaut, Godonesche, le Maire, Miracle, Lasilard, Brossard, Lombard, Frizon, & Arnoul.

PREMIER MAURE.

Pourquoy contraindre
Le choix d'un cœur ?
Pourquoy s'efforcer d'esteindre
Vn feu dont il fait son bonheur ?
On a beau le forcer à feindre,
Il est toûjours à son Vainqueur ?

Les Chœurs.

Aimez-vous quand tout vous y convie,
Aux transports de l'amour abandonnez vos cœurs,
Aimez-vous profitez de la vie,
Sans l'amour tout déplaist, tout ennuye ;
Si pour quelques Amans il a mille rigueurs,
Pour qui sçait bien aimer il n'a que des douceurs.

Second Maure.

Qu'il est doux quand l'amour est extrême,
De meriter d'estre aimé de même,
On partage bien-tost ses feux
Avec la beauté que l'on aime.

DE LA JEUNESSE.

Les Chœurs.

Aimez-vous, aimez-vous, quand tout flate vos vœux,
Aimez-vous, aimez-vous, & vous serez heureux.

Troisiesme Maure.

Quand l'objet à qui nous voulons plaire
Nous prefere
A quelques Rivaux jaloux,
Leur chagrin, leur dépit, leur colere,
Leur misere,
Sont des biens charmans pour nous.

Les Chœurs.

Aimons-nous quand tout nous y convie,
Aux transports de l'amour abandonnons nos cœurs,
Est-il rien de plus doux dans la vie?
Que de charmans plaisirs! que de douces langueurs!

Les Chœurs.

L'amour porte en tous lieux sa puissance,
Au devant de ses coups allons nous presenter,
Ne luy faisons point de resistance,
Il se venge trop bien de qui l'ose irriter.

Les Chœurs.

N'attirons point les traits de sa vengeance,
Aimons-nous, aimons-nous, laissons-nous enflamer,
Banissons d'avec nous l'indifference,
Aimons-nous, aimons-nous, ah! qu'il est doux d'aimer.

C

BALLET

Quatriefme Maure.

Vn cœur qui peut chercher à s'en deffendre,
Ne connoift point encor quels en font les plaifirs;
Auiſſ-toſt qu'il commence à les comprendre,
On le voit à l'amour donner tous ſes defirs.

Les Chœurs.

Aimez-vous quand tout vous y convie,
Aux tranſports de l'amour abandonez vos cœurs,
Aimez-vous profitez de la vie,
Sans l'amour tout déplaiſt, tout ennuie,
Si pour quelques Amans il a mille rigueurs,
Pour qui ſçait bien aimer il n'a que des douceurs.

Fin du ſecond Intermede.

TROISIE'ME ACTE DE LA COMEDIE.

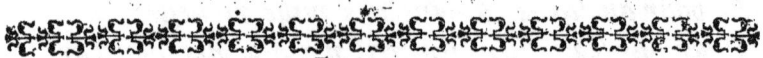

TROISIE'ME ET DERNIER INTERMEDE.

LES Habitans de l'Isle de Crete, celebrent des Jeux à l'honneur de Jupiter, & se réjoüissent du Mariage que ce Dieu vient de faire de deux jeunes Divinitez.

Six Hommes de l'Isle de Crete qui chantent.
Monsieur de Royc.
Messieurs Morel, Guillegault, Mattau, Cebret, & Jouquet.

Quatre Femmes de l'Isle de Crete qui chantent.
Mesdemoiselle de Lalande, Mesdemoiselles Ferdinand l'aisnée, Ferdinand cadette, & Rebel.

BALLET

Trois autres Femmes de l'Isle de Crete qui chantent dans les Chœurs.

Mesdemoiselles Puvigny, Piesche, & Moreau.
L'Hymen. Monsieur Dufour.
L'Amour. Un Page de la Musique.

Huit Hommes de l'Isle de Crete qui chantent dans les Chœurs.

Messieurs Le Maire, Miracle, Godonesche, Frizon, Le Roy, Lasilard, & Brochard.

Premier Homme de l'Isle de Crete.

C'Est en ce lieu que l'on s'assemble
Pour celebrer un Hymen glorieux
De deux jeunes Amans sortis du sang des Dieux;
Jupiter les unit ensemble,
Tout favorise leurs desirs,
Meslons nos jeux à leurs plaisirs.

Premiere Femme de l'Isle de Crete.

Que ces Amans sont heureux !
Les biens les plus charmans vont prevenir leurs vœux,
Au bonheur le plus grand Jupiter les éleve,
Il ne commence rien que sa Bonté n'acheve.
Que ces Amans sont heureux !
Les biens les plus charmans vont prevenir leurs vœux.

Habitans de l'Isle de Crete qui dancent.

Monsieur le Comte de Brionne.
Monsieur le Marquis de Moï, Messieurs Favier, Lestang, Faüre, Magny, Pecourt, & du Mirail.

DE LA JEUNESSE.

Deuxiéme Homme.

Le puissant Jupiter répand sur tout le monde
De ses bontez les sensibles effets :
Il comble l'Univers des biens les plus parfaits,
Tout est calme aujourd'huy sur la Terre & sur l'Onde,
Et lorsque son Tonnerre gronde
C'est pour mieux affermir la paix.
De ses bienfaits conservons la memoire,
Dressons des Autels à sa gloire.

Chœur.

De ses bienfaits conservons la memoire,
Dressons des Autels à sa gloire.

Troisiéme Homme.

Un Monstre que l'Orgüeil, la Discorde, & l'Envie,
Avoient fait sortir des Enfers,
De son venin fatal infectoit l'Univers.
Il troubloit le repos, & la vie
De cent Peuples divers.
Jupiter a vaincu ce Monstre espouvantable
Qui paroissoit insurmontable,
Et pour jamais il l'a mis dans les fers.
De ses bienfaits conservons la memoire,
Dressons des Autels à sa gloire.

Chœur.

De ses bienfaits conservons la memoire,
Dressons des Autels à sa gloire.

BALLET
Deuxiéme Femme.

Heureux Amans goûtez toûjours
Un Destin charmant & tranquille,
Jupiter prend soin de vos jours
N'en laissez pas un d'inutile.
Heureux Amans goûtez toûjours
Un Destin charmant & tranquille.

On entend une grande Symphonie.
Les Chœurs.
Quel bruit Divin se fait entendre!
Quatriéme Homme.
C'est le Ciel qui nous applaudit
Des soins qu'il nous voit prendre.
Les Chœurs.
Des plus charmans Concerts l'olympe retentit.
Troisiéme Femme.
L'Hymen & l'Amour vont descendre,
Nous les verrons bientost icy.
Les Chœurs.
Quels doux transports viennent de nous surprendre!
Ces Dieux s'approchent! les voicy.

Trois Divinitez de la Suite de l'Hymen qui dancent.
MADAME LA DUCHESSE DE BOURBON.
Mesdemoiselles le Peintre & Laurent.

Suite de l'Amour qui dance.
Monsieur le Marquis de Chasteauneuf.
Les petits Magny, Lallemand,
& Ballon.

DE LA JEUNESSE.
L'HYMEN.

L'Amour pâlit à mon abord,
Nous devons estre unis d'une chaîne éternelle;
Pourquoy si rarement nous trouvons-nous d'accord,
C'est vous seul qui troublez une union si belle.

L'AMOUR.

Vous traisnez aprés vous sans cesse
Les soins fascheux, & les transports jaloux;
J'aime à trouver par tout les plaisirs les plus doux,
Les Ris, les Ieux, & la tendresse.

L'HYMEN.

L'absence de l'amour excite
Ces soins fascheux dont il est irrité,
Et les transports jaloux ne viennent à ma suite,
Que lorsque l'amour m'a quitté

※

Finissons nos debats, unissons nos efforts
Pour faire à ces Amans un sort digne d'envie,
Vnissons-nous, & par de doux accords
Conspirons l'un & l'autre au bonheur de leur vie.

L'HYMEN, & L'AMOUR.

Finissons nos debats, &c.

Quatriéme Femme.

Ioüissez des douceurs que le Ciel vous dispense
Heureux Amans, heureux Espoux,
Avec l'Hymen, l'Amour d'intelligence,
Vous invite à goûter les plaisirs les plus doux.

BALLET
Quatriéme Homme.

Quand l'Hymen, & l'Amour s'unissent,
Pour vous faire un destin charmant, & glorieux,
Leurs querelles ne finissent
Que par l'ordre absolu du souverain des Dieux,
Vous devez tout à son pouvoir suprême:
C'est luy seul qui comble vos vœux,
Et vous ne pouvez estre heureux
Qu'autant que Iupiter vous aime.

Iupiter commande aux destins,
C'est de luy seul qu'ils ont voulu dépendre,
Et quand le sort du monde est en ses mains,
La vertu seule en peut pretendre
Des biens solides, & certains
Il n'est point de grandeur qu'elle n'en doive attendre:
A ses bontez la vertu seule a part,
Et jamais on ne le voit répandre
Comme les autres Dieux ses bienfaits au hasard.

Les Chœurs.

Heureux mortels qu'il favorise,
Que vostre sort est beau, qu'il est plein de douceurs,
Qu'elle gloire vous est acquise
D'avoir merité ses faveurs.

FIN DU BALLET.

www.ingramcontent.com/pod-product-compliance
Lightning Source LLC
Chambersburg PA
CBHW062005070426
42451CB00012BA/2674